AF186008

Fischer TaschenBibliothek

In originären poetischen Bildern lässt Reiner Kunze die Leser teilhaben an dem, was ihn beglückt oder erschüttert. Wohin es ihn in der Welt auch verschlägt, sei es nach Helsinki, Czernowitz und Kiew – man erfährt niemals nur, was er sieht, sondern stets auch, was in ihm geschieht. Entschieden bezieht er Position gegen Gewalt, Verrohung und gegen das Vergessen. Ein besonderer Charakterzug der Gedichte ist Behutsamkeit. Mit großer Schönheit und Zartheit spricht Reiner Kunze vom Alter und vom Abschiednehmen.

Reiner Kunze, geboren 1933 in Oelsnitz im Erzgebirge; Bergarbeitersohn, Studium der Philosophie und Journalistik in Leipzig. 1977 Übersiedlung in die Bundesrepublik. Zuletzt erschienen im S. Fischer Verlag die gesammelten Gedichte in dem Band »gedichte«, »Der Kuß der Koi. Prosa und Fotos«, die Nachdichtungen »Wo wir zu Hause das Salz haben« sowie der Gedichtband »lindennacht«. Für sein umfassendes lyrisches, essayistisches und erzählendes Werk erhielt Reiner Kunze zahlreiche Literaturpreise, darunter den Georg-Büchner-Preis, den österreichischen Georg-Trakl-Preis und den Friedrich-Hölderlin-Preis. Seine Lyrik und Prosa wurden in dreißig Sprachen übersetzt.

Weitere Informationen finden Sie unter www.fischerverlage.

Reiner Kunze

die stunde mit dir selbst

Gedichte

FISCHER TaschenBibliothek

Aus Verantwortung für die Umwelt hat sich der S. Fischer Verlag zu einer nachhaltigen Buchproduktion verpflichtet. Der bewusste Umgang mit unseren Ressourcen, der Schutz unseres Klimas und der Natur gehören zu unseren obersten Unternehmenszielen.

Gemeinsam mit unseren Partnern und Lieferanten setzen wir uns für eine klimaneutrale Buchproduktion ein, die den Erwerb von Klimazertifikaten zur Kompensation des CO_2-Ausstoßes einschließt.

Weitere Informationen finden Sie unter: www.klimaneutralerverlag.de

Erschienen bei FISCHER Taschenbuch
Frankfurt am Main, September 2021

Umschlaggestaltung: Schiller Design, Frankfurt
Satz: Dörlemann Satz, Lemförde
Druck und Bindung: CPI books GmbH, Leck
Printed in Germany
ISBN 978-3-596-52306-1

I

Und diese Schwalbe, die vor dem Glockenton herfliegt
und sich nicht einholen läßt!

Federigo Tozzi

Mittsommer

Heute ist des jahres längster tag
Das licht kam ohne glockenschlag
und hob dem schläfer sanft das lid

Möge ihn beglücken, was er sieht,
damit der tag in seiner seele wurzeln schlägt
und er ihn für die dunklen zeiten in sich trägt

AUGUSTMETAPHER

Am horizont
des neuen gluttags zeichen:
der weiße morgen
mit der roten sonnenscheibe auf der stirn –
ein tancho-koi
aus den himmlischen teichen

WEISSER WOLKENLOSER HIMMEL

Selbst der himmel scheint zu erblassen
vor der gnadenlosigkeit der sonne

Der fluß, gestriemt vom föhn,
bleckt die zähne

An die dornenlose weißdornhecke klammern sich
eidechsen, als ob mit ihren schmalen leibern sie
ihr schatten spenden wollten

HUNDSZEIT

Als sei der hoffart ihr zuviel, versengt die sonne
die sonnen des hortensienhimmels

Vertrocknet ist entlang dem leeren weidehang
der weiße schaum des pferdekümmels,
und die abdrücke der hufe härteten längst aus

Vergebens hofft am haus
das grün der regentonne

MENETEKEL

Im juli
warfen die bäume die blätter ab
Wir wateten in grünem laub
und traten den sommer mit füßen

Im november
trieb die eberesche zarte grüne spitzen
in den frost

PASSAU NICHT GEHEUER

Unruhig schläft im gemäuer
das wasser

Zurückgelassen von der flüsse vorjahrsflut,
schwitzt es in den putz der hausfassaden
salpeterränder

Der himmel, der vom wettersatellitenbild
in die altstadtstuben quillt,
ist mit wolken überladen

Männer baun entlang den fenstersimsen
stege mit geländer

JAHRHUNDERTSCHNEEFALL

Obwohl noch auf der erde,
schaufeln wir uns durch den himmel

Wir wissen schon nicht mehr, wohin mit ihm,
und steigen dennoch mit der schaufel
auf den dächern ihm entgegen

Von oben überschlägt der blick,
was nicht wiederauferstehen wird

ARGUMENT FÜR EIN EWIGES LEBEN

Argumente für ein ewiges Leben,
für die Auferstehung – welch schrecklicher Gedanke

George Steiner

In der wallfahrtskirche zu Brunnenthal
hält der heilige Nepomuk
das kreuz mit dem gekreuzigten,
als halte in den händen er,
vertieft im spiel,
die gitarre

Vielleicht war der skulpturenschnitzer
frohgemut, denn die gewißheit führte ihm die hand,
auferweckt zu werden von den toten

DIE ORGEL ZU ROTTENBURG

Die schwingen schräg nach vorn gestellt,
setzt sie auf
auf dem nest

Im flügelwind
stieben den tönen entgegen
die farben

Vergoldet
halm und psalm

II

ich komm, weiß nit woher,
ich bin und weiß nit wer,
ich leb, weiß nit wie lang,
ich sterb und weiß nit wann,
ich fahr, weiß nit wohin.
mich wundert's, daß ich fröhlich bin.

Fahrender Gesell aus dem Mittelalter

Ich bin nicht lebensmüde; aber es reicht,
ich habe genug gesehen für mein Billet.

Reinhold Schneider

HELSINKI,
IM MORGENDÄMMER ENTSCHWINDEND

Vom mastenhohen schiff legt ab
die stadt, der kai beginnt
zu schwanken

Auf dem esplanadendeck
möwenumwölkt,
Finnlands tote dichter

BEGRÄBNIS IN PORTO MIT HAFENBLICK

An abgeschabten seilen, die sich bedenklich
aufdrehten, ließen vier männer
handbreit um handbreit den sarg hinab

Die trossen straff gespannt,
manövrierten vier schlepper
einen übergroßen tanker an den kai

Hoch über den hinterhöfen
zeigte die stadt
an den wäscheleinen flagge

UKRAINISCHE NACHT

Der Karpatenrücken ...
lädt dich ein
dich zu tragen

Rose Ausländer

Das land,
            verstümmelt,
                        veruntreut,
                                    verraten,
hob mich auf den rücken der Karpaten,
und im wachtraum hörte ich
                        die dichterin die mutter fragen,
was diese gern geworden wäre, und die mutter sagen:
eine nachtigall

Da begannen alle nachtigallen
in den hainen, die ich in mir trug, zu schlagen,
und ich hörte schüsse fallen
und den namen widerhallen:
Maidan, Maidan

Und in des namens klang
klang der name an
des dichters, dessen wort wir in uns tragen:
Der Tod ist ein Meister aus Deutschland

21

Doch weiß man hier, der tod kam nicht
aus Deutschland nur, er kam
mit zweierlei gesicht,
und riesig ist das land, wo man
ihm blumen steckt und ruhmeskränze flicht

EPITAPH FÜR DIE JUNGE DICHTERIN
SELMA MEERBAUM-EISINGER

15. 8. 1924 Czernowitz
16. 12. 1942 Arbeitslager Michajlovka

Dem tod war es gegeben,
sie zu holen aus dem leben,
doch nicht
aus dem gedicht

PAUL-CELAN-GEDENKTAFEL
(ehem. Wassilko-Gasse, Czernowitz)

Das aufgeschlagene buch –
ein flügelpaar im flug,
eine welle vom spiegel der Seine,
als das leben er nicht mehr ertrug

Das aufgeschlagene buch im flug
über, o über dem dorn
Der stein hat zu blühen sich nicht bequemt,
die welle glättet den zorn

ČERNIVCI

Gestufte Stadt im grünen Reifrock

Rose Ausländer

Nur im fernblick vom jüdischen friedhof aus
ähnelt die stadt
der erinnerung noch ihrer dichter

Heerscharen der menschenhybris
töteten in ihr
und schlugen lücken ins gedächtnis

Die friedhofshalle rottet vor sich hin
Die grabsteine stehen geneigt,
versteinert ist ihr fallen

ÜBERSETZERPRIVILEG

Für Petro Rychlo

Das gedicht – ein hirnstoßdämpfer,
der die erschütterungen abfängt
auf dem kopfsteinpflaster der zeit
und der Czernowitzer altstadt

Wer in vieler sprachen poesie zu hause ist,
findet am grund der verzweiflung ein wort,
das lächelt

REVOLUTIONSGEDICHT

Das in den Landesfarben angestrichene Klavier
stand zwischen den Fronten …

K. B., Kiew, Winter 2013/14

Ein blauer himmel über einem weizenfeld – so stand
bei minus zwanzig grad am straßenrand
das klavier

Und die einen spielten
die hymne und Chopin,
und die andren zielten
auf die hymne und Chopin

DIEBESLIED

Seit der Okkupation der Krim ...
findet nicht nur eine Verkehrung
der Tatsachen statt, sondern eine
Infragestellung der Tatsachen
selbst ... Die freche Lüge traut
sich auf die amtliche Pressekonferenz.

Karl Schlögel

Zeig dem land, das dich betört,
das dir aber nicht gehört,
deine fürsorgliche liebe,
schenk ihm eine nacht der diebe,
die es stehlen ohne skrupel,
und verkünde dann mit jubel,
was dir pflicht war heimzuholen,
kann nicht gelten als gestohlen.

III

Dichtung ist Einsamkeit ohne Abstand inmitten der
Geschäftigkeit aller; das will besagen: Einsamkeit,
die die Möglichkeit hat, sich anzuvertrauen.

René Char

Als Poetometer
haben wir nur
den blühenden Baum.

Ioan Milea

DIE STUNDE MIT DIR SELBST

Mit schwarzen flügeln flog davon die rote vogelbeere,
der blätter tage sind gezählt

Die menschheit mailt

Du suchst das wort, von dem du mehr nicht weißt,
als daß es fehlt

ALS DIE DINGE WÖRTER WURDEN

Auf den getreidefeldern meiner kindheit,
als weizen noch weizen war und roggen roggen,

auf den abgeernteten feldern
las ich mit der mutter ähren

und wörter

Die wörter hatten
kurze grannen und lange

KLEINES HOHELIED AUF DEN MENSCHEN

erfindbar sind gedichte nicht
es gibt sie ohne uns

Jan Skácel

Bescheiden ist der dichter,
der so spricht

Doch ohne uns
gibt es die erde und das all,
nicht aber das gedicht

VERLANGT VOM DICHTER NICHT

Verlangt vom dichter nicht,
was einzig das gedicht kann leisten

Verlangt vom dichter
das gedicht

Ist's ohnegleichen,
kann er das wasser ihm nicht reichen

WER BIST DU, DICHTER

Wer bist du, dichter, daß du wähnst,
die welt sei geschaffen
als deiner stimme hallraum?

Zwei saiten hast du in der kehle,
weniger als eine geige

Hast du der welt
an welt hinzugetan?
Und was an welt?

Die antwort ist's, die einst das urteil
über deiner stimme nachhall fällt

ROBERT GRAY SCHREIBT DAS GEDICHT
»DIE DÄMMERUNG«

Unter seiner feder
verwandelt sich die poesie
in ein känguruh, das in hohem gras steht,
verjüngt zu einer pflanze mit einer einzigen knospe,
und das die vorderpfoten hinhält
wie zum fesseln

Und der große professor, der weltweit bestimmt,
was poesie ist und was nicht,
bemerkt nicht
die wie zum fesseln hingehaltnen vorderpfoten,
denn es dämmert schon in Australien

IV

Zählen werden nur die, die bereit sind, sich weder mit einer Ideologie noch mit einer Macht zu identifizieren.

Hannah Arendt

Ist doch der Glaube an eine einzige Wahrheit und deren Besitzer zu sein, die tiefste Wurzel allen Übels auf der Welt.

Max Born

DAS WESEN MENSCH

Gekreuzigt, enthauptet, vor aller welt augen
lebendig verbrannt …

Abendnachrichten, drittes jahrtausend
nach Christi geburt

Mit wachsender entfernung
treiben immer schneller von der erde fort
trilliarden sonnen in milliarden galaxien

Sie fliehen uns, als wüßten sie,
vor wem sie fliehen

NACHTS

Halt zu finden an der stille
(eigenzitat)

Die menschen setzen die menschheit
aufs spiel

Doch du kommst von den menschen nicht los

Das nichts strahlt wärme nicht zurück,
noch licht

PORTRÄTFOTO VON SICH SELBST
VON VOR SECHZIG JAHREN

> *Mitleid mit einer früheren Form*
> *des eigenen Wesens*
>
> Hans Carossa

Nicht noch einmal

Nicht noch einmal
so verführbar

Nicht noch einmal
so gefährdet

Nicht noch einmal
eine mögliche gefahr

EURETWEGEN

Wenn wir die Welt nicht wieder
ins Unglück stürzen wollen, müssen wir
die Träume der Weltbeglückung aufgeben.

Karl Popper

Ich habe angst
vor der angst, die man haben müßte,
kämen statt der anonymen briefe
die büttel ihrer schreiber, ausgestattet
mit den insignien der macht

Nicht meinetwegen habe ich angst
vor der angst, die man haben müßte,
auch wenn sie das grab
dem erdboden gleichmachen würden

Euretwegen habe ich angst, die ihr ihnen
zur macht verholfen
und angst haben werdet

LEICHTE BEUTE

Sie halten sich am handy fest

Was ist und war
ist abrufbar
mit der fingerkuppe

Doch sie wissen schon nicht mehr,
was sie nicht mehr wissen

BAHNFAHRT

Entlang den windparkhorizonten,
vorüber an verglasten wiesen,
reisen wir, beruhigt beunruhigt,
im klimatisierten waggon

Mit hundert menschen, scheint's,
reisen neunundneunzig handys
und ein buch

In der tageszeitung, die der schaffner austrägt,
meldet die gebildete nation
vollzug

… Dorthin kam Jupiter in Menschengestalt; den Vater
begleitete Merkur, aber ohne die Flügelsohlen. An
tausend Türen pochten sie und baten um Unterkunft
und Nachtlager; tausend Türen blieben verriegelt.
Ein Haus nahm sie dennoch auf … Die Himmlischen
sprachen: »Götter sind wir, und eure gottlose
Nachbarschaft wird die verdiente Strafe empfangen …
Verlaßt nur euer Haus und begleitet uns hinauf auf
die Bergeshöhe.« Einen Pfeilschuß weit waren sie vom
Gipfel noch entfernt, da wandten sie den Blick: Sie
sehen, daß alles im Sumpf versunken ist und nur ihr
Haus noch steht.

Ovid, Metamorphosen

Einlaß begehrte in menschengestalt
Jupiter,
    brünstiger stier
    und schwängernder schwan,
    schändender Satyr
    und falscher Amphitryon,
    vergewaltiger auch
    Ios und Callistos

Und einlaß begehrte
Merkur,
    bewandert
    in allen künsten der täuschung,
    dieb der rinder Appolons
    und mörder des Argus, dessen hundert wächter-
    augen
    Juno er vermachte, die ihres pfaues schweif
    mit ihnen schmückte

Gründe, das herz
zu verriegeln

DASEINSFRIST

Die erlösung des planeten von der menschheit
ist der menschheit mitgegeben
in den genen:

der zauberlehrling, dessen geistern
kein meister mehr gewachsen ist

der fanatiker

die masse, die des massenmörders
füße küßt

V

Angst hatte ich: Meine Augen werden schwach,
und ich würde nicht mehr lesen können
Mein Gedächtnis würde sich verlieren,
und ich würde nicht mehr schreiben können
Ich wackelte wie ein Stall,
vom Wind geschüttelt
Lieber Gott, vergelte Du es,
daß ein Hund mir seine Pfote gab
Ein Hund, der keine Bücher liest
und keine Gedichte schreibt

Jan Twardowski

Darin bleiben wir Kinder, daß das Freundliche
doch bis zuletzt unsere Nahrung ist.

Carl Jacob Burckhardt

ALT

Das erdreich setzt dir seine schwarzen male ins gesicht,
damit du nicht vergißt,
daß du sein eigen bist.

IRREVERSIBEL

Das soeben noch gewußte
verläßt dich auf dem weg ins wort.
Die bühne ist nicht mehr dein ort,
stumm stehn am ausgang die verluste.

VERSTUMMEN

Die kleinen heimaten in fremden ländern
sind nicht mehr

Das vorratsfach für schwarzumrandete kuverts
ist leer

Die zunge wird vom schweigen schwer

ZERFALL

In meines tauben ohres innenwelt
läutet in der ferne mir ein kirchlein,
das sich an keine uhrzeit hält

So weiß ich nie,
ist's spät, ist's früh?
Das kirchlein läutet, wann es ihm gefällt

Ich weiß, wer dort das seil in händen hält

KASSIBER

Und warum gibt es immerfort noch so viel
schreckliches Schweigen,
das auf kein Warum eine Antwort gibt?

Jan Twardowski

Das schweigen ist die antwort,
die frage das verhängnis,
das denken das gefängnis

Unser alter
ist das alter, dem es schwerfällt,
sich zu bücken, leichter doch,
sich zu verneigen

Unser alter
ist das alter, das das staunen mehrt

Unser alter
ist das alter, das, vom glauben nicht ergriffen,
das wort, das war im anfang, ehrt

NUR SELTEN KAM ZU MIR DER TRAUM
ALS FREUND

Nur selten kam zu mir der traum
als freund

Er war der jäger, ich
das wild

Und am tage blickte ich
seinen treibern in die augen

NACHTPROTOKOLL

Ich sah im traum, es war
mein leben

Ich sah es
von außen: ein langer
liegender baum

Die blanken wurzeln umkrallten
den herausgebrochenen erdgrund

Ich sah, es war
mein leben

Himmellos

HAIKU FÜR UNS

blütenblatt im haar
kirschbaumweiß auf greisenweiß
frühling, unsichtbar

FERN KANN ER NICHT MEHR SEIN

Fern kann er nicht mehr sein,
der tod

Ich liege wach,
damit ich zwischen abendrot und morgenrot
mich an die finsternis gewöhne

Noch dämmert er,
der neue tag

Doch sag ich, ehe ich's
nicht mehr vermag:
Lebt wohl!

Verneigt vor alten bäumen euch,
und grüßt mir alles schöne.

ANHANG

Dankrede vor Abgeordneten des Europäischen
Parlaments

Das Gemeinwesen Europa, das Sie, meine Damen
und Herren, vertreten, ist u. a. auf die Hoffnung gegründet, daß die Völker einander besser verstehen
lernen. Daraus zu schließen, man müsse einer Lingua franca den Vorrang vor den Muttersprachen
einräumen, wäre jedoch ein kardinaler Fehler.

Ein Europa, in dem vom Kindergarten bis zur
Universität, vom gehobenen Arbeitsalltag bis zum
wissenschaftlichen Diskurs unter Einheimischen
und vom Werbeplakat bis zum öffentlichen Hinweisschild die Muttersprachen mehr und mehr
hinter einer Lingua franca zurückzutreten haben,
würde nicht nur das tiefere gegenseitige Verstehen
erschweren, es wäre auch ein Europa, das niemand
wollen kann.

Die Muttersprache ist jener Daseinsbereich eines
Volkes, in dem es sich zurechtfindet ohne Stern. Wer
die Muttersprachen von den schöpferischen und erfinderischen Gesprächen seiner Zeit aussperrt, und
sei es nur auf einem Teilgebiet, nimmt in Kauf, daß
sie stagnieren, ihre Begriffswelt sich nicht weiterentwickelt und die Völker sich in ihrer Würde verletzt
fühlen, denn es gibt nichts Identitätsgesättigteres als
die Muttersprache.

Die Dichtung eines Volkes, einer seiner kostbarsten Schätze, ist ohne Muttersprache undenkbar, und übersetzt werden kann Dichtung nur von Muttersprache zu Muttersprache, denn der übersetzende Dichter muß ein Gleichwertiges schaffen, das dem Original höchstmöglich gleicht. Ohne Teilhabe der Muttersprache am gesamten geistigen Leben kann jedoch weder Literatur von Weltrang entstehen noch kongeniale Nachdichtung, was heißt, einer der Königswege, sich einem anderen Volk zu nähern, nämlich über seine Dichtung, würde wegbrechen.

Jede Sprache verfügt über Ausdrucksmöglichkeiten, die allein ihr eigen sind, und die Gesamtheit dieser Ausdrucksmöglichkeiten ergibt den Sprachhorizont der Menschheit. Die Muttersprache zugunsten einer Lingua franca zu degradieren bedeutet, sich an der Menschheit zu vergehen.

Meine Landsleute unter Ihnen werden die Meinung kennen, Deutsch bleibe nur noch »die Sprache der Familie, der Freizeit, die Sprache, in der man Privates liest …«, und manchem von Ihnen wird auch das Wort eines deutschen Professors bekannt sein, das lautet: »Um die deutsche Kultur zu pflegen, brauchen wir keine deutsche Sprache.« Ein Europa, das sich an diesen Meinungen orientiert, wäre nicht mein Europa.

In meinem Europa genießen die Muttersprachen höchstes Ansehen und ein Äußerstes an Pflege und

Schutz. In meinem Europa gilt es als unabdingbar, daß Menschen, die sich entscheiden, auf Dauer in einem fremden Land zu leben, die Sprache dieses Landes lernen, um in ihm eine zweite Heimat zu finden. Mein Europa ist eine Verlockung für junge Menschen, zwei, drei Sprachen zu lernen. Mein Europa bewundert die Damen und Herren in den Simultanübersetzerkabinen, denn sie sind die Fluglotsen, ohne die im Europäischen Parlament unzählige Gedanken über Europa ihr Ziel nicht erreichen würden.

Ich danke Ihnen …, daß ich Ihnen ein wenig mein Herz ausschütten durfte.

Widmungsverzeichnis

DIE ORGEL ZU ROTTENBURG
Für Bischof Dr. Egon Kapellari

VERLANGT VOM DICHTER NICHT
Johannes Kühn zum achtzigsten Geburtstag

DASEINSFRIST
Für Günter Kunert

ZERFALL
*Erstveröffentlicht anläßlich des 65. Geburtstags von
Prof. Dr. Erich Garhammer*

Anmerkungen

PAUL-CELAN-GEDENKTAFEL

*»über, o über/dem dorn« – Zitat aus dem Gedicht »Psalm«
von Paul Celan. Der Vers »Der Stein hat zu blühen sich
nicht bequemt« ist eine Abwandlung des Verses »Es ist Zeit,
daß der Stein sich zu blühen bequemt« aus Paul Celans Ge-
dicht »Corona«.*

REVOLUTIONSGEDICHT

*Das Motto ist einem Brief von Katharina Binhack entnom-
men (Kiew, 10. Mai 2014), in dem es u. a. heißt: »Mitten
im tiefsten Winter stand plötzlich dieses Klavier auf dem
Maidan … Bei minus 20 Grad spielten berühmte Musi-
ker und Aktivisten … Chopin oder die ukrainische Natio-
nalhymne … Immer noch steht es auf der Kreschtschatik, der
vierspurigen Prachtstraße, die direkt zum Maidan führt …
Die Menschen spielen darauf, um daran zu erinnern, dass
sie für ein friedliches und geeintes Land einstehen, jeden Tag
und jede Nacht … Die Menschen haben Angst vor einem
Krieg.«*

DIEBESLIED

*Das Motto ist ein aus mehreren Textstellen zusammenge-
setztes Zitat aus dem Buch »Entscheidung in Kiew« von Karl
Schlögel, München 2015 (S. 40 und 74).*

ROBERT GRAY SCHREIBT DAS GEDICHT
»DIE DÄMMERUNG«
*Robert Gray, »Die Dämmerung«, in: »Schwindendes Licht«,
deutsch von Joachim Sartorius, Neumarkt in der Oberpfalz
2007*

GÖTTER ANTE PORTAS
*Nach Ovids »Metamorphosen«, in deutsche Prosa übertra-
gen von Michael von Albrecht, München 1981*

Dankrede vor Abgeordneten des Europäischen Parlaments

*Gehalten am 16. Mai 2013 vor der Fraktion der Europäischen
Volkspartei (Christdemokraten) anläßlich der Verleihung
der Robert-Schuman-Medaille*

Inhalt

Anhang

Reiner Kunze

Gedichte

382 Seiten. Leinen

»Wahr ist ein Gedicht für Reiner Kunze nicht dann, wenn die Meinung oder der Glaube, der zum Ausdruck gebracht werden soll, wahr ist, sondern wenn das dichterische Bild, das die Verbindung zwischen zwei entgegengesetzten Welten herstellt, stimmt: ›Poesie ist, außer Wahrheit, vor allem Poesie.‹

Die vorliegende Sammlung beweist nachdrücklich, daß Reiner Kunze zu den bedeutenden deutschen Lyrikern der Gegenwart gehört. Nicht wenige seiner scheinbar einfachen, in Wahrheit aber hoch artifiziellen, aufs Äußerste reduzierten Gedichte haben bereits einige Jahrzehnte unbeschadet überstanden, während viele einst bekannte und heftig diskutierte Texte manch anderer Autoren längst vergessen sind.«
Jürgen P. Wallmann

S. Fischer

Reiner Kunze
lindennacht
gedichte
190 Seiten. Gebunden

»›fahrt mit altem meister‹ heißt in Reiner Kunzes neuem
Gedichtband eine seiner poetischen Landschaften, wie er sie
unnachahmbar mit wenigen Strichen zu malen versteht.
Auch der Autor selbst zeigt in ›lindennacht‹ die reifste
Meisterschaft: eine, die mit immer sparsameren, scheinbar
immer kunstloseren Mitteln Kunst entstehen läßt. Jahr-
zehnte von Leben und Schreiben müssen auf diese Kunst
hingearbeitet haben.« *Jakub Ekier*

S. Fischer

Mit Poesie die Welt entdecken

1979 erschien bei S. Fischer das Kinderbuch von Reiner Kunze ›Das Kätzchen‹ mit Bildern des Malers Horst Sauerbruch. Über 30 Jahre später ist nun ein weiteres gemeinsames Werk der beiden Künstler entstanden. Der eine zaubert mit Worten und Reimen allerlei Tiere, Blumen und Begebenheiten aufs Papier, der andere setzt sie in leichte, verspielte und farbstarke Bilder um. So wird die Natur im Buch lebendig und zum lehrreichen Anschauungsunterricht. Der Autor erläutert im Anhang einige scheinbar kuriose biologische Tatsachen in einfacher Sprache.

Reiner Kunze
Was macht die Biene auf dem Meer?
Gedichte für Kinder, Mütter, Väter, Großmütter und Großväter
Mit Illustrationen von Horst Sauerbruch
80 Seiten, gebunden

Fischer Schatzinsel